# QUELQUES OBSERVATIONS

SUR

# L'ÉMANCIPATION DES ESCLAVES

AVEC UN PROJET

POUR RENDRE CETTE MESURE PLUS FACILE

ET MOINS DÉSASTREUSE

Par un Français d'Europe

QUI HABITE LES COLONIES DEPUIS VINGT ANS ET NE POSSÈDE PAS D'ESCLAVES.

> Toutes les propriétés sont inviolables, sans aucune exception ; l'État ne peut en exiger le sacrifice qu'avec indemnité préalable. (*Art. 9 et 10 de la Charte.*)
>
> Patience et longueur de temps font plus que force et rage.

PARIS.

IMPRIMERIE DE J.-B. GROS,

18, RUE DU FOIN-SAINT-JACQUES.

1841

# RÉSUMÉ DU PROJET.

**ÉMANCIPATION GRADUELLE ET SUCCESSIVE PAR LES MAITRES DANS UN TEMPS DONNÉ, ET AVEC PRIME OU INDEMNITÉ.**

---

M. le duc de Broglie, président de la commission du gouvernement chargée de proposer des mesures pour l'affranchissement des noirs, a fait connaître que cette commission s'était ajournée jusqu'en janvier 1841, pour demander aux colonies de nouveaux renseignements nécessaires à la solution d'une question d'où dépend tout leur avenir.

La matière est si grave que tout homme connaissant bien les colonies et leur population, ne se hasardera qu'avec crainte à présenter des mesures qui, tôt ou tard et de quelque manière qu'on s'y prenne, conduiront probablement à l'abandon du travail de la grande culture, et par suite à la ruine du pays. Il faut y être forcé par une nécessité absolue comme celle qui existe aujourd'hui.

L'affranchissement général par l'État, sans le concours des colons, tel que les Anglais l'ont opéré, aura évidemment ici le même résultat que chez eux, la cessation du travail; l'on ne voit aucun moyen coercitif à employer, pour obliger des hommes libres et sans besoins, à se livrer à la culture, contre leurs dispositions et leur volonté.

La libération des enfants à naître, en laissant finir le reste de la population noire dans l'esclavage, le système de rachats forcés, etc., ont des inconvénients reconnus qui les ont fait juger inadmissibles.

L'affranchissement général avec indemnité, en laissant les noirs sous la tutelle du gouvernement qui tenterait de les obliger à travailler, paraît offrir peu de chances de succès; il est presque certain que les noirs, une fois libérés par l'État, ne travailleront plus à la culture que pour fournir à leur subsistance.

Mais le gouvernement et la commission paraissent décidés à ne point s'arrêter à ces considérations, et à opérer l'affranchissement quoiqu'il puisse en arriver : chacun alors doit s'empresser de communiquer ses idées sur le moyen le moins désastreux, de le mettre à exécution. C'est dans ce but qu'a été conçu le projet ci-après.

Ce projet paraît propre à éviter ou à éloigner la plupart des inconvénients signalés ou prévus dans ceux déjà présentés ou essayés. Il laisse aux intéressés le soin de procéder eux-mêmes à l'exécution de la mesure que l'on redoute, il ne fait intervenir le gouvernement que pour encourager et payer l'affranchissement.

La philanthropie et les sentiments libéraux de la majorité des propriétaires des esclaves ne sauraient être révoqués en doute que par la mauvaise foi, ils sont attestés par la présence de cent mille libres qui peuplent déjà nos colonies, et qui s'élèveraient à un bien plus grand nombre, si l'État ne s'était pas opposé aux libérations spontanées jusqu'en 1830.

Il est donc injuste de croire la majorité des planteurs opposée systématiquement à l'extinction de l'esclavage, ils ne sont opposés qu'aux projets plus ou moins désastreux et vicieux présentés jusqu'à ce jour, et qui tous écartent les maîtres d'une participation utile, indispensable à cet acte important.

Le temps et le concours des colons peuvent opérer ce grand changement, si ce n'est avec succès, du moins sans secousses violentes et sans perturbation.

On peut, sans le concours des colons, détruire l'édifice colonial, mais sans eux on ne saurait le reconstruire avec les mêmes matériaux, que d'autres mains ne sauraient jamais manier et façonner pour les utiliser.

Les Anglais métropolitains ont voulu se charger du plan et de l'exécution de la réforme de leurs colonies, ils ont complétement échoué ; ils eussent mieux réussi en n'éloignant pas les colons, et en s'assurant de leur concours pour mener à bonne fin une œuvre si difficile.

Des publicistes ont prétendu que les colons anglais avaient contribué à faire manquer l'opération ; c'est une erreur : les colons anglais ont subi la position qui leur était faite ; ils se sont trouvés isolés et sans influence sur des affranchis par l'État ; on a détruit chez ces derniers tout sentiment de reconnaissance envers leurs anciens maîtres qu'ils ont considérés comme ennemis, et l'ingratitude excitée chez eux par une mesure imprudente les a conduits à la démoralisation.

La seule colonie anglaise où le travail se soit d'abord maintenu est celle d'Antigues, dont la position particulière et exceptionnelle a permis aux maîtres de renoncer au bénéfice de l'apprentissage et d'accorder eux-mêmes la liberté ; et encore le travail y a-t-il sensiblement diminué depuis les deux dernières années.

Dieu veuille que l'exemple nous profite, et que l'assistance des planteurs français ne soit pas rejetée !

# PROJET.

## Article 1er.

Il sera payé par le trésor, à tout maître qui libérera un esclave, une prime fixée comme suit :

| | | |
|---|---|---|
| 1° Pour un enfant né dans l'année. | 500 | » |
| 2° Pour chaque année de plus, 87 fr. 42 c. (1), soit à 12 ans. . . . . | 1,261 | 62 |
| 3° De 12 à 14 ans . . . . . . . . . . . | 1,400 | » |
| 4° De 15 à 20 ans . . . . . . . . . . | 1,500 | » |
| 5° De 20 à 60 ans (ouvriers d'élite). . | 2,000 | » |
| Nota. Ces évaluations seront réduites d'un quart pour les esclaves du sexe féminin. | | |
| 6° Pour tout esclave infirme, incapable de travailler ou âgé de plus de 60 ans. . . . . . . . . . . . . . . | 500 | » |

(1) Cette estimation n'est point arbitraire : elle résulte de la législation métropolitaine, qui alloue pour les frais de nourriture et d'éducation des enfants trouvés de 1 à 12 ans, une rétribution moyenne de 87 fr. 42 c., non compris la valeur des services que les dépositaires de ces enfants en retirent de 6 à 12 ans. Il est d'autant plus juste d'affecter la même indemnité aux jeunes esclaves à libérer, que le propriétaire perd le produit d'une partie du travail de la mère, tandis qu'elle donne ses soins à son enfant pendant les premières années.

7° Les primes ci-dessus seront augmentées de 100 fr. par chaque esclave libéré après avoir contracté mariage. 100 »

ART. 2.

Tous les esclaves libérés ainsi par leurs maîtres avant leur majorité, seront soignés, nourris et entretenus par lesdits maîtres, jusqu'à l'époque fixée par l'article 4 pour la fin de l'affranchissement général. Ces affranchis seront tenus et soumis jusque là, envers leurs maîtres, aux mêmes travaux et obligations que précédemment.

ART. 3.

Les maîtres qui feront libérer des esclaves infirmes, hors d'état de travailler, ou âgés de plus de 60 ans, seront tenus de les soigner, entretenir et nourrir comme précédemment, jusqu'au jour de l'émancipation générale.

ART. 4.

Dans 25 ans, à dater d'aujourd'hui, tous les esclaves qui n'auront pas été libérés volontairement par leurs maîtres seront émancipés par l'État, qui paiera aux propriétaires les quatre cinquièmes seulement des primes fixées plus haut à l'article 1er.

ART. 5.

Tout esclave de 22 ans et au-dessus, ne sera libéré avec prime que sur un certificat de bonne conduite délivré par l'autorité compétente.

ART. 6.

Des ordonnances locales approuvées par le ministre de la marine, détermineront les mesures d'ordre, de police et de discipline à prendre, en ce qui concerne les nouveaux libérés restant à la charge des maîtres et devant continuer à travailler pour eux ; il sera également pris des mesures pour fixer la valeur des journées de travail des autres esclaves majeurs libérés.

ART. 7.

Dans le cas où, par suite de guerre ou d'événements extraordinaires et imprévus, l'affranchissement général aurait lieu forcément avant le terme fixé à l'article 4, les maîtres seront alors dispensés des charges qui leur sont imposées par les articles 2 et 3, comme aussi des dispositions de l'article 5, et les primes fixées à l'article 1er leur seront acquises pour tous les affranchis.

ART. 8.

Si avant le terme fixé pour l'affranchissement total les libérations volontaires avaient amené les choses au point de ne laisser dans l'esclavage que la cinquième partie de la population actuelle à libérer, dans chaque colonie, le gouvernement pourra ordonner, s'il le juge nécessaire, l'affranchissement immédiat et avec prime de ce dernier cinquième.

Art. 9.

Les paiements des primes et indemnités mentionnées au présent, auront lieu comme suit :

. . . . . . . . . . . . . . .

. . . . . . . . . . . . . . .

. . . . . . . . . . . . . . .

. . . . . . . . . . . . . . .

## OBSERVATIONS.

Le taux des primes et le temps fixés pour terme à l'émancipation ont été évalués d'après les nécessités actuelles. Mais on comprendra que plus les primes seront fortes, plus le terme de l'affranchissement général sera éloigné, plus il y aura d'avantages pour le pays et d'espérances pour l'avenir.

Les articles 7 et 8 prévoient les éventualités qui pourraient amener un changement forcé plus prompt que celui arrêté.

Ce changement sera peut-être lent dans les premières années, c'est ce que l'on doit désirer ; mais lorsqu'on approchera du terme fixé, l'intérêt des propriétaires les portera à profiter du bénéfice de la prime, et il est probable que très-peu attendront l'époque de la libération forcée par l'État et avec indemnité.

Les philanthropes métropolitains, peu réfléchis, sont seuls impatients de voir s'opérer brusquement ce mouvement; les philanthropes coloniaux connaissent mieux la nécessité de l'amener avec précaution, lenteur et sagesse. Les retards qu'ils y apporteraient ne prouveraient rien autre chose, sinon que maîtres et esclaves sont satisfaits de leur position, et que rien ne les presse d'en changer.

Il faut songer que la traite n'est supprimée que depuis dix ans, et que nous avons une quantité d'Africains qui sont incapables de comprendre et de remplir les devoirs de l'homme libre. Les Anglais avaient supprimé la traite vingt-sept ans avant leur émancipation; il ne faut donc pas se presser d'introduire avec la liberté, la paresse et la misère, où règne avec l'esclavage, le travail, l'abondance et la prospérité.

Ne réduisez pas les primes qui ne sont qu'une

juste et modique indemnité, et surtout abandonnez l'idée manifestée dans certains projets, de vous en rembourser par une retenue sur le travail des affranchis ; se serait les décourager et détruire tout espoir d'en obtenir aucun fruit.

La France sera amplement indemnisée de ses sacrifices, par les droits des productions des cultivateurs, par ceux sur le commerce, et par les richesses de tout un pays français, qui ne seront pas anéanties.

Les Anglais paient cher la faute qu'ils ont commise d'affranchir avec tant de précipitation, sans le concours des colons, dont la ruine entraîne celle de toutes les existences métropolitaines qui se rattachaient à leur fortune, et prive le trésor d'impôts considérables ; mais peut-être est-il entré dans leur plan de favoriser leurs possessions de l'Inde et d'anéantir les colonies à esclaves, françaises, espagnoles et américaines.

L'opération anglaise, que l'on semble vouloir imiter, n'a pas été autre chose qu'une révolution ; le sang n'a pas encore coulé, mais les propriétés sont spoliées, les nouveaux libres ont pris possession des cases et maisons qu'ils occupaient, étant esclaves, et des terres qu'ils plantaient en vivres. Ils continuent à les exploiter pour leur propre compte, sans payer de loyer ; ils abandonnent la culture des cannes et refusent tout service. Comment fera-t-on, par la suite, pour les expulser? La chose a déjà été tentée inutilement dans plusieurs localités; ils sont trop nombreux, ils ont menacé de résistance ouverte. D'ailleurs, où iraient-ils? de sorte que, par le fait, ils sont devenus les maîtres des propriétés où ils étaient esclaves. Cet exemple de loi agraire doit-il être encouragé par des législateurs occupés eux-mêmes à défendre leurs droits de propriété?

Nous pensons que la métropole française ne saurait avoir que de bonnes intentions pour ses colonies; la Charte, la justice et la loyauté française s'opposent à ce que les primes soient réduites à une aumône, et l'époque de la libération à un temps insuffisant pour l'effectuer avec espoir de succès.

Quelque soit le chiffre de l'indemnité que l'on adopte, quelque soit le terme que l'on prenne pour mettre fin à l'opération, laissez l'initiative de l'affranchissement aux maîtres, et ne vous en emparez pas.

Sur beaucoup d'habitations il existait des esclaves libérés provisoirement par les maîtres, désignés sur les dénombrements comme libres de Savanne, mais non encore patentés; ils travaillaient pour leur compte des terres de leurs maîtres; ils étaient soignés, logés et entretenus : la reconnaissance les retenait auprès de leurs bienfaiteurs, autant que les avantages dont ils jouissaient : c'était un noyau de travailleurs libres qui s'élevait dans chaque localité. Il est très-fâcheux qu'on ait dû procéder à leur affranchissement complet; on a détruit par là tous les liens qui unissaient le bienfaiteur et l'obligé; leur séparation en a été la suite, et cette classe se trouve rejetée parmi les libres, sans moyen d'existence.

Il y a encore un grand nombre d'enfants libérés par leurs maîtres, dont les mères sont esclaves, et *vice versâ;* des mères affranchies, dont les enfants ne le sont pas. Si, d'après la loi ancienne, qui veut que la mère et les enfants au-dessous de quatorze ans ne soient point séparés, on déclare libres les individus dans ce cas, se sera autant de nouveaux sujets retirés des habitations où ils vivaient heureux et dans l'abondance, pour aller grossir le nombre des libres inoccupés.

Ces mesures paralysent les bons effets des efforts que faisaient les maîtres pour commencer une libération graduelle, et conserver, par la reconnaissance, l'union et la bonne harmonie entre eux et les affranchis ; elles font tourner contre les maîtres les œuvres bienveillantes de leur libéralités, et elles sèment entre les deux classes le germe d'une haine qui, plus tard, portera ses fruits. M. de Tocqueville lui-même dit *que le glaive seul peut solder le compte entre deux races ennemies :*

elles ne le sont pas réellement en ce moment, mais une mauvaise loi les rendrait telles. Il ne faudrait pas émanciper, comme on le fait, le plus grand nombre possible de sujets, sans se préoccuper de ce qu'ils peuvent devenir.

L'article 5 de l'ordonnance royale du 12 juillet 1832, sur les affranchissements, autorise à mettre opposition à la libération des individus incapables de pourvoir à leur subsistance. Les conseils coloniaux se sont plaint souvent que cet article n'était pas exécuté ; des vieillards et des enfants en bas âge perdent la protection des maîtres par suite d'un affranchissement intempestif octroyé contre la volonté des maîtres, qui ne jugeaient pas encore convenable de remplacer la liberté provisoire qu'ils avaient donnée, par un affranchissement complet. Ces infortunés vont terminer leur malheureuse existence loin des lieux où il sont nés, privés des soins et des secours de leurs protecteurs et bienfaiteurs, dont ils se trouvent séparés.

On ne saurait trop le redire, l'État, en voulant se mettre au lieu et place des maîtres, comme plusieurs théoriciens le lui conseillent, commettra une grande faute et détruira l'avenir des colonies. L'État n'a pas d'individualité ; les affranchis par l'État n'auront d'obligation à personne, ils resteront hostiles à leurs anciens maîtres, qu'ils considéreront comme des ennemis de leur repos, voulant continuer à les faire travailler; ils s'éloigneront d'eux et de toute culture.

Ces considérations et ces vérités rendent illusoires et inexécutables, tous projets basés sur un travail libre d'affranchis par l'État : on ne l'obtiendra qu'en renonçant au système pernicieux suivi jusqu'à ce jour, à l'instar des Anglais, et en remettant sous la seule influence bienveillante et protectrice des maîtres tous les affranchissements : en leur fixant un terme qu'ils ne sauraient dépasser, on atteindra le but et on aura de bien meilleurs résultats.

La preuve que les colons français sont plus philanthropes que tous les abolitionistes d'Europe, la voici :

De tous temps, avant 1830, le gouvernement a constamment fait ses efforts pour empêcher les affranchissements; on n'obtenait qu'avec la plus grande difficulté des patentes de liberté, et elles coûtaient souvent un prix plus élevé que la valeur de l'esclave : eh bien! rien n'arrêtait la philanthropie des colons, les demandes de libération étaient toujours nombreuses; et enfin, pour surmonter, autant qu'il était en eux, les entraves qu'ils rencontraient, les colons formèrent de leur propre mouvement cette classe de libres, appelée de Savanne, qui ne se composait que d'affranchis par les maîtres, sans la sanction de l'État.

Les colons ne se contentaient pas de libérer leurs esclaves, de faire le double sacrifice de leur valeur et du prix de la patente ; ils soutenaient ces nouveaux affranchis ; ils leur donnaient des terres, des maisons, et souvent leur fortune, par fidéi-commis, l'État ne permettant pas de legs ou donations aux affranchis : ils les envoyaient en France, en pourvoyant à leur éducation. Tous ces jeunes gens de couleur, qui figurent aujourd'hui parmi les médecins, les avocats, les négociants ; tous ceux qui, dans la campagne, se distinguent par l'éducation et l'usage du monde, ne sont-ils pas autant de témoignages irrécusables de la philanthropie généreuse et éclairée des colons?

Depuis 1830, que les obstacles mis par l'État aux affranchissements ont été levés, ne voit-on pas les libérations devenir de plus en plus nombreuses, au point que, dans un pays sans industrie et uniquement agricole, on est effrayé de la quantité de nouveaux libres qui tous abandonnent la culture de la terre.

Devant ces preuves, on conçoit difficilement comment il se trouve en France tant de gens passionnés et assez aveugles pour croire que les colons français veulent le maintien absolu et à toujours de l'esclavage.

Si les faits et les observations qui précèdent ne peuvent pas éclairer et convaincre les incrédules; si la présence sur les lieux de tant de milliers d'affranchis à grands frais par les colons ne peuvent pas faire connaître et apprécier leurs sentiments libéraux, mettez en pratique le projet précédent et dites-leur :

« Voici la valeur de vos esclaves, affranchissez-» les, nous vous laissons tant d'années pour ter-» miner cette œuvre. »

Vous verrez alors ce que peuvent, ce que veulent les colons, avant le terme que vous aurez fixé; l'affranchissement général sera complet, sans que vous ayez besoin d'en prendre aucun soin.

Pour affranchir la population libre actuelle, les colons n'ont rien demandé à la métropole; ils lui ont, au contraire, payé les chères redevances qu'elle exigeait pour sa sanction. Aujourd'hui qu'il s'agit de libérer toute la classe utile, et sans le travail de laquelle les terres et usines restent sans valeur, il est juste que la France indemnise. Elle ne fera que rembourser ce qu'elle a touché pour les premiers affranchissements, et payer sa part de cette œuvre philanthropique; les colons ont depuis longtemps payé la leur. L'avenir leur prépare de nouveaux sacrifices à faire, et peut-être ceux de leur fortune et de leur vie !

Adoptez donc ce projet, il produira plus de bons effets que les mesures ordonnées pour la surveillance et l'éducation des esclaves, toutes plus ou moins inutiles et inexécutables, parce qu'elles sont dirigées contre ceux qui seuls pourraient contribuer à leur efficacité contre les maîtres !

Il est à peu près certain que ce mode de libération graduelle et avec prime par les propriétaires, produira à l'instant de grands changements et modifications dans les relations entre maîtres et esclaves.

Les premiers sortis de l'abaissement (on parle ici des maîtres) où on les mettait par un mauvais système, dérideront leur front triste et soucieux. Ils ne verront plus autour d'eux des esclaves, cause prochaine de leur ruine et de leur humiliation ; ils verront des ouvriers, des domestiques, des cultivateurs, qui ne sont pas encore libérés, il est vrai, mais qui doivent l'être bientôt par leurs soins et volonté ; ils se rapprocheront d'eux, ils encourageront les bons sujets, sur lesquels déjà ils jettent les yeux pour commencer l'œuvre de libération dont ils sont satisfaits d'être chargés ; ils diront avec joie et confiance à leurs sujets : Mes amis, bientôt vous serez libres, le roi m'a autorisé à vous accorder cette récompense au fur et à mesure que vous la mériterez ; dès demain, aujourd'hui même, j'affranchis tel et tel, parce que je compte sur leur exactitude à continuer leur travail comme précédemment, et sur le bon exemple qu'ils vont donner, imitez-les . . . . . . . . . . et la même récompense vous attend.

Les esclaves étonnés autant que réjouis de ce nouveau langage de leurs maîtres, et frappés des affranchissements immédiats délivrés à quelques-uns d'entre eux, se montreront, il faut l'espérer du moins, soumis et reconnaissants.

Oui, les colons français sont humains, généreux, philanthropes et essentiellement abolitionistes !

Les esclaves français restent bons, serviables et très-attachés à leurs maîtres, malgré d'imprudentes mesures et de coupables écrits qui tendent à les en éloigner.

Ne séparez pas ces deux classes qui font ensemble et unies une population aussi intéressante qu'utile, et qui ont besoin l'une de l'autre.

Changez leurs positions respectives, si vous le jugez indispensable ; des maîtres actuels, faites-en des protecteurs zélés et éclairés ; des esclaves, faites-en des cultivateurs laborieux et soumis. Si vous voulez tenter ce grand changement social, vous ne le pouvez qu'en opérant avec sagesse, et en laissant à César ce qui appartient à César, selon les vues et conditions proposées ici.

Les avantages du présent projet n'échapperont pas aux hommes de pratique et de réflexion.

Les maîtres intéressés à moraliser des esclaves qu'ils doivent libérer et conserver chez eux, comme cultivateurs, appelleront à leur aide les secours du clergé pour leur instruction, au lieu de rester simples spectateurs des efforts qui seront faits et que rien ne les engagera à seconder, par la conviction où ils sont, qu'après l'affranchissement par l'État, toute relation cessera entre maîtres et affranchis. On ne peut pas s'occuper de l'instruction d'individus dont on sera séparé le lendemain. C'est trop exiger de la philanthropie des colons. Tous les hommes ne sont pas des saint Vincent de Paule, et il faut en général que leur intérêt les porte à faire le bien.

Les rachats de gré à gré entre les maîtres et les esclaves seront nombreux, par l'engagement volontaire que prendront ceux-ci, pour être libérés plutôt, de servir encore leurs maîtres pendant un certain temps, moyennant les avantages qui leur seront offerts ; ils attacheront peu d'importance à la prime qui est payée pour eux, ils ne verront dans l'acte qui les libérera, qu'un bienfait de leurs maîtres, dont ils seront reconnaissants.

A chaque premier jour de l'an, les maîtres pourront donner un certain nombre de libertés aux sujets les plus intelligents, dont on aura été le plus satisfait, et sur le travail desquels on comptera.

Les mariages encouragés, l'établissement des familles laborieuses, pourront être récompensés par la libération de tous ses membres, qui continueront à habiter et à travailler là où ils sont nés.

Ces bons exemples fructifieront, les autres esclaves chercheront à les imiter pour obtenir de leurs maîtres les mêmes faveurs; les nègres sont moutons comme les autres hommes; lorsqu'ils verront les commandeurs et les principaux sujets des ateliers libérés et restant au travail, ils feront de même; si, au contraire, vous les émancipez tous ensemble, ils vont croire devoir faire comme les anciens libres qui les ont précédés, ils s'éloigneront de toute culture, et vous ne parviendrez plus à les y rappeler.

Ce projet tendra à contenter et à moraliser toute la population; il maintiendra l'union si nécessaire entre le maître et l'affranchi, et favorisera évidemment le travail.

Il n'y aura à craindre aucun désordre ni mécontentement, parce qu'il ouvre dès ce moment toutes les portes aux affranchissements; tous peuvent l'espérer, s'ils se conduisent bien, s'ils se montrent laborieux ; et les maîtres qui jugeront pouvoir compter sur la bonne conduite et la continuation du travail de leurs ateliers les libéreront entièrement.

Les propriétés reprendront leur valeur, le prix des esclaves augmentera, à cause de la prime attachée à leur libération, les ventes et transactions se feront avec facilité, la confiance renaîtra ; mais il faut encore que la métropole nous vienne en aide, qu'elle maintienne les denrées à un prix raisonnable, et qu'elle égalise l'impôt sur tous les sucres français, ce qui est de la dernière importance pour l'opération de l'affranchissement.

Ce projet, s'il n'est pas jugé admissible, pourra peut-être fournir d'utiles renseignements et faire naître de meilleures idées, il prouvera qu'il est un moyen de procéder à l'affranchissement autrement que par une révolution : c'est dans ce but qu'il a été formulé.

Et surtout entendez-vous pour adopter et proposer un système d'émancipation juste et raisonsonnable, afin de n'en pas subir un désastreux et impraticable, comme ceux projetés à la chambre des députés. Tâchez de faire comprendre à la France que vous êtes les plus intéressés à la bonne conduite et à la civilisation de vos cultivateurs à libérer, et que par conséquent vous devez jouer le premier rôle dans cette opération importante, lorsqu'elle sera résolue et définitivement décrétée ; que c'est d'abord par là qu'il faut procéder, et qu'ensuite, vous donnerez votre concours franchement et loyalement pour la faire réussir le mieux qu'il se pourra.

www.ingramcontent.com/pod-product-compliance
Lightning Source LLC
LaVergne TN
LVHW020458230826
846091LV00008BA/3278

* 9 7 8 2 0 1 6 1 2 4 5 8 1 *